사랑에

대하여

이준서
시집

사랑에
대하여

ABOUT LOVE

바른북스

사랑은 인간을 아름답게 한다

목차

1부

추위

황폐한 새벽	12
부담스러운 유인	14
이름 없는 존재	16
마른 대지	18
아직 닫힌 문	20
혹한	22
심장 없는 기계	24
숨은 술래	26
타자 없는 삶	29
좁은 강	32
주어진 것	35
그곳에 고요가 있다	37
환상 조심	39
부품이 빠진 기계	41
바위 안에 갇힌 것	43

2부

시간

멀리서 온 경고	48
침착한 헤아림	50
최초의 여정	52
폭풍을 가르는 배	54
아직 남은 것	56
엄습한 위험	58
우리의 의미	60
나아가기까지	62
사유의 도래	64
봄에서 여름으로	66
여름에서 가을로	68
가을에서 겨울로	70
인생의 아름다움	72
열매와 춤	74
내일의 존재	76

3부

환희

우리라는 이름	80
즐거움	81
사유, 그 너머의 우주	83
인간이라는 자유	84
달리는 아이들	85
빛에 대한 사랑	87
매미라는 존재	88
시각 이전에 타오르는 것	90
권리에 대한 물음	91
너에 대한 노래	92
선언	94
지평선 너머의 그 섬	95
사유하는 기쁨	97
내가 하는 말	98
사실원리를 넘어서	99

부록

다섯 개의 길

항쟁하는 인간	102
유리하는 인간	104
변화하는 인간	106
기록하는 인간	108
사랑하는 인간	109

1부

추위

○ 겨울은 무엇을 위해 있는가?

황폐한 새벽

무언가 아름다운 것은
이 세상의 것이 아닌가?
그러나 아름다운 것은
우리 안에 있다

과연 우리는 어떤
아름다운 것을
우리 안에 지녔을까?
그것을 무어라 명명할까?

자, 그 이름을 불러보라,
인간이여! 더 크게!
우리의 숨결이 그것을
더 강하게 내뱉도록!

문명의 배설물 앞에서
우리는 웃을 수 있는가?

그러나 우리에게는
아름다운 것이 있다!

이제 우리는
낯설어진 제도와
썩어 문드러진 문화,
그 사이에서 새벽을 맞이한다.

우리 안에 있는 것은
그 황폐한 새벽에도
우리에게 격렬한 호흡을
내뱉게 하지만…….

부담스러운 유인

나는 그것이
무엇인지 안다,
그러나 나는
그것을 멀리한다

그러나 그것은
나를 추적하고
나는 그것을
더욱 밀어낸다

이 치명적인 술래잡기는
제도와
문화에 대한
나의 포착이다

추적에 대한 불안은
문화에 대한 의지를,

제도에 대한 환멸은
생명에 대한 지지를
내게 일으키고

나는 내가 가고자 하는 곳으로
나의 걸음을 옮긴다
그러나 그것은
나를 유인한다,
반짝이는 그 화폐들은
나를 욕망한다!

그러나 나는
여전히 따분하다
왜냐하면 그것은
나의 욕망이 아니기 때문이다…….

이름 없는 존재

아직 활동하기 전에
해는 떠오르지 않는다

햇살이 없는 그곳에서
미래는 준비되었다

그러나 이름은 없고
가동되지 못한 창조는
이 모든 불합리를 관망한다

다만 욕망은 여전히 있고
동사를 기다릴 뿐이다

명사와 동사 그 사이에
단절이라는 그 시간은
다만 창조의 개시와 함께
대지에 동작이 발생할 때까지

존재를 준비시킨다,

빛을 끌어들이려는 전쟁이
벌어질 때까지…….

마른 대지

생명이 없는
그 도로는
비록 생명을 건너가게 하지만
생명보다 낯설다

생명에게 가장
아름다운 것은
창조다,
자신의 아름다움을 현전시키는…….

그러나 도로는
과연 아름다운 것인가?
아름다움에게 낯선 것이
아름다운 것으로 불릴 수 있는가?

욕망은 자꾸만
무언가의 명명을

요구한다,
무언가를 통해 욕망을 사용케 한다!

자신의 욕구를
느껴라, 생명이여!
욕망의 사용을 욕구하는
생명은 창조를 사랑한다!

아직 닫힌 문

수많은 사람이 모였지만
문은 열리지 않았다
그 문은 여전히
무엇을 찾고 있었고
사람들은 그저 아파했다
해방을 위하지만
누구도 사랑할 수 없는
그 아픔은 뜨겁고
닫힌 문보다 더
완고하게 사람들을
그 문 앞에 잡아두었다
도대체 그 문은
사람들에게 무엇을
약속한 것일까?
또 다른 구원인가?
화폐에 대한 자유인가?
피곤의 치유인가?

아름다움의 소비인가?
그러나 그 문은
오직 환상을 약속했다
꿈, 그것은
그 문의 다른 이름이었다
그 문 앞에서 떠나라!
그 문은 아직
열릴 수가 없다!
환상을 딛고 문을 열
인간이 그곳에 있기까지
사람들이여, 기다리라!

혹한

혹독한 추위를 피해
걸음을 옮기는
인간을 위해
사랑은 멀리 떠났고

데워진 공기는
그 자리를 채운다
길어지는 그림자는
인간의 사랑을 받으며

인간에게서 사랑을
더욱 떠나게 한다
이제 그 이름은
명명 이전으로 다시

회수되고 해소되어
인간의 인식을

그저 기다리지만
사라진 것은 아니다

불에 탄 장작은
여전히 **흔적**으로서
불을 지니고 있듯
사랑은 여전히 있다

그러나 인간은
도무지 앞을
바라보려 하지 않고
다만 뒤돌아본다

그러면서도 인간은
사랑을 원하고
사랑이 떠난 자리를
떠나지 않는다

심장 없는 기계

불안에 휩싸인
대지를 걸어가는
죽은 기계,
그것은 살아 있다

죽음을 알기에
그것은 여유롭고
용서도 없이
그것은 대지를 벌한다

인간은 기계를
닮아가려 애쓴다
왕관 쓴 기계,
그것은 주체이다

주체는 무얼 하는가?
그것은 한때

자신을 바랐다
자신의 눈을 바라보았다

그러나 그것은
이제 지나갈 차례다
그만 지나가라!
인간은 외친다

만들어진 곳에서
주체여 사라지라!
그대는 도무지
인간이 아니다!

숨은 술래

그것은 도무지
드러날 수가 없다
자신을 숨기는
못된 휜개미여!
그대의 집에
나를 초대하지 말라!
그대는 내게
너무나 많은 것을
여전히 약속하지만
그대는 다만
그대를 위할 뿐
아니, 그대의 집을 위할 뿐이니

구조는 있으나
지도는 없고
생명은 없으나
호흡이 있고

욕망을 말하나
창조가 없다

그러나 도무지
그것은 헛되지 않다!
생명에게 그것은
무언가를 일러준다!
그것은 과연
술래가 숨었다는 것이다

주인도 없는
거대한 집 안에서
우리를 데리고 온
술래는 혼자서
방문을 닫고
열지 못한다!
들어갈 수 없는
그곳에서 술래는
들어올 자를,
자신을 꺼내줄 인간을

위해 방문을

조금씩 두드린다

타자 없는 삶

오, 그곳엔
최초의 생각이 있다
자신,
다른 것과는 다른
자신은 누구인가?

그러나 그곳엔
대지가 없다
자신에 갇힌
그곳엔 숨만 쉬는
기계가 있다

도대체 인간은
언제 도래하였는가?
냉기는 언제
인간에게
타자를 알게 하였는가?

추위는 인간에게
냉기를 알게 하고
냉기는 기계에게
생존을 가르친다
그러나 인간은 아직 없다

인간은 언제
기계 상태를 넘어
창조할 것인가?
아직도 시간은
인간을 기다리라 명하는가?

그러나 이제
시간은 물러나라,
인간이 그대를 볼 때라야
그대는 타자로서,
인간에게 드러나리라!

오, 인간은
여기에 와야만 한다!

기계의 기름을
사랑 속에 던져버릴
격렬한 생명이여,
이제 여기에 오라!
타자와 함께
이제 여기에 오라!

좁은 강

사랑은 코앞에 있다,
저 강을 넘어서면…….

그러나 다리는
존재하지 않는다

건너가기 위한
구조를 바라지만

인간은 여전히
움직이지 않는다

진흙은 사랑을
너무나도 완고히

부여잡고 아직
걸음을 뒤흔든다

그러나 인간은
주저하지 않는다

구조는 한없이
건너가는 인간을

기다리고 느린
시간을 재촉한다

인간은 여전히
움직이지 않지만

시간은 다분히
어지러이 흐른다

인간에게 아직
구조는 구조로서

보이지 않으며
깨끗하게 비었다

좁은 강의 진흙은
지나갈 곳에 머문다!

주어진 것

무한은 우리에게
도무지 주어지지 않았다
그것은 오직
인간에게 드러난다
닿을 수 없는
저 너머의 그것,
완전한 생명은
오히려 죽음 너머에 있다
그렇다면 무엇이
인간에게 와닿는가?
대체 무엇이
인간 안에 있는가!
그것은 유한이다
그 **제국**에서 누구도
나갈 수 없다!
시민은 유한에 속한다……
그러나 유한은

바깥의 무한과 함께
인간에게 드러난다
무한은 유한의
절대적인 타자로서,
모든 것을 정렬케 하는
중력에게 공간을 주는
통로를 형성한다
이제 인간은
그 통로를 관통한다
우리에게 주어진 것은
무한도 유한도 아닌
긴 통로이다
관통하지 않는 자에게
제국은 인간이라는
이름을 명명하지 않는다
왜냐하면 제국은
그 통로를 자기 내부에
숨어들게 하여
인간으로 자기 내부를
더욱 욕망하게 하고자
숨 쉬는 기계이기에…….

그곳에 고요가 있다

기계여, 잠시
작동을 멈추어라!
헐벗었지만
나는 춥지 않다

무언가 이루어질 때까지
기다리는 시간은
나에게 여전히
제한이 없다

이루어질 때까지,
제한 안에서
나의 생명이
발견될 때까지
나는 여전히
시간을 기다릴 뿐이다
사랑이라는 제한은

이미 나에게
자신을 관통할 것을
제안한다

그러니 그때까지
기계여, 잠시 멈춰라!
그대는 과연
나의 관통을 바라지 않는다

그대에게는 오직
기다리지 않는
소비만이
요구될 뿐이다

환상 조심

그곳에 아무것도 없다
어린아이들이여,
성안에는 오직
채워지지 않을 우물이
말라붙어 있다
그곳으로부터 멀리
더 멀리 달아나라!
무엇이든 너희의 눈에
가까이하지 말라!
그러나 기대는, 오,
그 강렬한 더위는
너희를 지치게 하고
강물을 향해,
말라붙은 구덩이를 향해
갈증을 부리게 한다!
환상을 향해
손을 내미는 아이들이여,

조심하라!

아무것도 없는 그

소문 안에는

손에 쥘 수 없는

환상이, 굶주린 환상이

기다리고 있다!

우리가 찾는 것은

지반이다

모든 것이 이루어질

그 무한이 흐르는

너희의 내부다

오, 이제 우리에게

알게 해 다오, 아이들이여!

도대체 사랑은 우리가

말할 수 있는 것인가?

환상을 기뻐하는

우리에게 너희는

실제도, 현실도 아닌

공허이다

그러나 오직 너희는

우리를 웃게 한다

부품이 빠진 기계

자기 자신으로도
살아 있는 기계여,
나 그대에게
무어라 말하고 싶다

그대는 어떤 부품을
기대하는가?
무언가 있으리라
기대하는 그대는…….

과연 그대는 그대로
살아 있는가?
두려워하지 말라,
실수 없는 기계여!

그대는 어떻게
사랑을 말할 수 있는가?

타자를 모르는
그대 역시 사랑을 바라는가?

이제 우리는
원하는 것이 같다,
오, 기계여!
도대체 그 부품은 어디에 있는가?

사랑의 **부활**을,
그 일어날 봄을!
그대는 기다려야 한다,
살아 있는 기계여…….

바위 안에 갇힌 것

오, 그것은
이름을 기다린다,
언젠가 찾아올 봄과 함께…….

추위여, 이제
그대가 아닌, 빛의
그 아름다움을 보리라!

구조는 여전히
나를 감싸고 있지만
나, 너무나 덥다!

무덤은 그만
시간을 붙잡을 일이다,
이제 그 자리에 생명이 오리니

인간은 그 생명을

사랑이라
부를 것이다,

오, 인간이여!
사랑하는 자여!
그대의 이름도 이제 있으리라!

이제 기다리는 일은
생명을 잃었다,
숨 쉬는 생명 앞에서.

2부

시간

○ 나아가지 않는 자는 없다

멀리서 온 경고

나는 어제처럼 물을 따르고
가족들을 기다리면서 잠시
내 앞에 놓인 것에 대해
무척이나 고민하였지
과연 나의 삶은 영원할 것인가,
그렇다면 나는 어디서 왔는가
하는 수많은 질문은
나를 그토록 고민하게 하였지
그러나 나는 찾지 못하였지,
나의 생명을 타오르게 할
성냥을 나는 도무지,
도무지 찾지 못하였지
그러나 내게 도착한 불안한
편지를 나는 읽으며
나의 생명이 사라지는 것을
그저 두고 볼 수밖에 없었지
그러나 나는 할 말이 있어

가족들을 한자리에 모으고는

어렵게 입을 열었고

모두가 나를 바라보았지

말과 시선은 모두 흔들렸으나

이전의 질문은 사라지고

모두들 한결 편안하였지

침착한 헤아림

아이들은 다시 꿈속으로
걸어 들어갔고 나는
내게 온 경고를 읽으며
너무나 많은 시간을
그저 흐르게 하였지
그러나 나는 다시금 숨을 쉬며
내 손으로 그 편지를 접어
우체통 안에 집어넣었지
경고는 내 것이 아니라
다른 누구의 것으로 여겼지
하지만 아침이 다시 찾아오고
나는 다시 그 경고를
나의 손으로 펼쳐 읽었지
지금껏 따랐던 물을 버리고
어려운 여정에 오르라는
그 말은 너무나 차갑게
나의 마음을 헤집었지만

나는 아이들을 깨워 일렀지
이제 우리에게 또 다른
기쁨이 다가오리라는 말은
아이들의 입에 미소를 주었지

최초의 여정

아이들과 나는 집에서 나와
한 번도 가본 적 없던
나무와 풀의 길을 걸으며
그곳의 언어를 들었지
아이들에게 바람은 환하고
동물은 너무나 친절하고
구름은 햇살을 보여주고
아침은 우리를 이끌었지
오후가 되기 전에
우리는 여전히 우리로서,
헤어질 걱정도 없이
그렇게 서로를 사랑하였지
나의 방은 나의 빛으로
여전히 그렇게 아름다웠으나
나는 여전히 아픔을
나의 품 안에 안고 있었지
그러나 방문이 열리고

아이들은 나의 품 안으로
쏟아져 들어와 나의 미소를
다시금 내게 선물해 주었지
이제 아이들로부터,
그 먼 곳으로부터 온
경고는 나에게 또 다른
살아 있는 기쁨을 선물하면서
내게 시간을 되찾게 할
찬란한 순간을 열어주었지

폭풍을 가르는 배

기나긴 밤을 지나고
우리가 다시 눈을 떴을 때
나는 오늘을 느꼈지
어제는 밤과 함께 지나갔고
빛은 아직 나를 비추지 않는
그 시간에 나는 애석하게도
아이들을 안지 않았지
필요는 여전히 나를
사랑에서 떠나게 하면서도
더욱 사랑을 바라게 하고
내 입이 아이들의 이름을
애타게 부르도록 하였지
그때 나는 아이들의 얼굴을
보고 싶었지
어느 때보다도 타오르는
그 필요를 채우기 위해
나는 멈출 수 없었지

그러나 아이들은 벌써

나를 바라보고 있었지

내가 아이들을 기억하기 전에

아이들은 나를 안아주었지

나는 아이들의 품에서

진정 오늘을 느꼈지

아직 남은 것

그러나 내일이 다가와야만 하는
세상의 속성을 내가 알았을 때
나는 눈물을 흘렸지
원하는 것을 향해 달릴 시간은
사라질 것들에 대한
유지의 충동과 싸우며
격렬한 폭풍으로 사라지고
태어나는 아침과
빛에 눌려 흩어지는 새벽의
그 찬란한 교대는
어느덧 내게 아픔이 되었지
나는 조금씩 아이들에게로
나의 두 팔을 뻗어
아이들의 마음을 끌어안고
나의 타오르는 마음에 대해
아이들이 헤아려 알아주기를
어리석게도 기대하였지

그러나 아이들은 오히려 내게
흩어지지 않는 거대한 신뢰와
보상으로는 다 말할 수 없는 저
순수한 정신의 세계를 환하게
비춰주었지
그 앞에서 나는 얼어붙었지

엄습한 위험

아이들은 나의 마음을 붙잡고
내가 바라던 것을 다시
떠올리게 하였지
나의 세계에서 내리는 비를
아이들의 손은 조용히 받아
큰 물병에 채워주었지
그러나 나는 이전과는 다르게
그 물을 따르지 않았지
아이들의 불안한 표정은
나의 마음을 아프게 하며
나를 바라보지 못하는 강한
그 눈빛은 그저 아래로
무너져 내릴 뿐이었지
그렇게 나의 세계가 흩어지면서
아이들은 저 멀리 사라지고
잘게 쪼개어진 어제는 완전히
나를 떠나고 말았지

우리가 서로에게서 방출된
그 아픈 세계에서 나는
너무나도 쉽게 부활을 바라며
단순한 출구만을 찾아 헤매었지
그러나 원하는 것은 어디에서도
찾을 수 없었지

우리의 의미

모든 것이 멈춘 그때로부터
우리는 아무 생각도 하지 않았지
돌아가고 싶은 충동에 휩싸여
서로의 아픔을 헤아리지 못한 채
우리는 서로에게 또 다른
그 숱한 거짓들을 건네줄 뿐
진정한 출구에는 조금도
가까워질 수 없었지
그러다 우리는 부드럽게 다가오는
그 맑은 햇살을 느꼈지
창문 바깥에서 춤추는 햇살의
기울어지지 않는 그 동작들은
천천히 우리의 다툼을 멈추었지
갑작스러운 고요 속에서 우리는
그저 서로를 바라보았지
충동은 차오르는 사유에 밀려
눈에 고인 그 작은 호수와 함께

아래로 떨어지고 웃음은

우리를 더욱 안아주었지

푸른 우리는 인간이라는 위대한

존재의 탄생을 우리 안에서

또렷이 인식하면서

서로를 향해 달리게 되었지

나아가기까지

타오르는 붉은 생명과 함께
우리는 서로를 안아주며 깨어
어제의 기억에 대한 우리의
같은 아픔을 받아들였지
우리는 더는 물러서지 않고
세계의 생동으로 기꺼이
우리의 두 발로 나아갔지
우리는 빛나며 서로를 사랑하며
뜨거우며 서로를 끌어당기며
강하며 서로를 인식하며
자유로우며 서로를 바라보며
움직이며 서로를 신뢰하며
웃으며 서로를 기뻐하며
만족하며 서로를 연결하며
그 무한의 축을 오르게 되었지
비록 어둠은 오늘도 우리를
떠나지 않았지만 조금도

우리의 마음을 가리지 못하고
새벽의 별과 함께
아래로 물러났지
그렇게 우리는 사유를 되찾고
서로의 눈물에 대한 책임을
마침내 깨닫게 되었지

사유의 도래

우리는 한때 이해를 위해
눈 잃은 것처럼 서로를
바라보지 않았지
우리의 감각에 판단을 맡기고
도무지 서로를 헤아리려 하지
않았지
우리는 물론 충족하였지만
아무도 만족하지 못하였지
다만 빈 것을 채워야 한다는
알지 못할 그 명령에
우리의 몸은 끊임없이 썩고
그 시체 속에 잠긴 정신의
숨 막힘을 기뻐하였지
감정의 개입도 없는 오래된
웅덩이는 그렇게 우리를
인간에게서 멀어지게 하였지
그러나 우리가 원하는 것은

우리를 움직이게 하고
우리의 걸음이 우리의 생명을
기쁘게 하였지
그때부터 우리는 다시
세상을 향해 나아가기를
서로에게 약속하였지

봄에서 여름으로

햇살이 저 멀리서 흐르고
생명으로서 아름다운 나무와
풀과 어린 동물들의 소리가
그 세계에 발을 들인 우리를
환대하는 축제로 떠들썩한
시간 속에 우리는 있었지
축복의 제전이 절정을 향해
하늘과 함께 호흡하고
우리의 몸은 그것을 느끼며
진정 아름다웠지
머무르지 않는 걸음으로
우리가 세상을 기뻐할 때
미소는 우리의 만족에서 태어나
세상에 축복을 고하며
우리 안에 있는 그 사랑을
아름답게 드러내었지
이제 오후가 끝나고

또 다른 제전이 시작되어
우리의 마음을 달래주기를
세상은 기뻐하였지
밤의 생명이 되살아나고
열정적인 삶의 최후의 순간이
우리에게 경외를 가르쳐주었지

여름에서 가을로

첫 번째 하루가 흐르고
우리의 두 발은 자유를 누리며
세월을 기념하는 강가에
우리의 흔적을 기록하였지
그렇게 두 번째 하루가 오고
아직 벌어지지 않은 축제를
기대하면서 우리의 마음은
살아 있음을 기뻐하였지
그 온 샘에 물결이 흘러넘치고
힘찬 황혼이 경계를 지우며
시들었던 꽃들이 소리를 내는
끝나지 않는 생명의 고동이
우리 앞에서 춤을 추는
사랑스러운 곡예가 태어났었지
우리는 토속적인 산모의
땀을 닦아주며
퍼져나가는 탄생의 천둥을

그저 바라만 보았지
어느덧 어둠이 덮이고
낮의 제전이 막을 내리며
우리의 마음에 아픔을 주는
그 순간에 곤충들의 제전이
우리에게 만족의 시간을 주었지

가을에서 겨울로

비행의 곡선을 따르는 빛과
그것을 반사하는 샘의 표면이
우리의 눈을 즐겁게 하는
밤의 제전과 세 번째 하루의
여명이 교차되면서 우리는
하늘을 바라보게 되었지
달의 빛과 태양의 빛이 만나
초라한 별의 외로움을 덜고
사그라진 변화의 신비를,
새벽을 간직한 눈빛과 함께
돋아난 생명의 대화가 본받는
격동의 제전이 우리를 반겼지
그 아름다운 폭풍에 대해
우리는 말없이 그것을 안아주며
그것이 우리의 선입견에
가려지지 않도록 하였지
우리는 모든 것을 존중하고

모든 것을 향해 나아가며

모든 것의 생명을 헤아리어

모든 것으로부터 세계의 존재를

인식하였지

그리고 우리의 집에서 나와

제전의 끝을 바라보았지

인생의 아름다움

박동과 그 아래 감추어진
생명을 우리가 생각하며
왔던 길을 되돌아가는 동안
우리는 이전과는 다른
무엇인가를 느끼게 되었지
지루함에 대한 불평은
아름다움에 대한 감탄으로,
살아감에 대한 불안은
인간다움에 대한 의지로,
충족감에 대한 충동은
관계 맺음에 대한 사유로
허물을 벗고 나비가 되었지
우리의 마음은 비가 아닌
꽃과 꿀의 화음으로 넘치고
한때 범람하였던 증오는
이제 그 있던 자리를 잃었지
석양과 함께 집에 돌아온 우리는

서로에게 감사하며

서로의 눈에 맺힌 사랑을

기뻐하며 환대하며

기록하였지

우리에게 다가온 시간을

존중하며 헤아리었지

열매와 춤

빛과 사랑을 지닌 이후에
우리는 서로의 존재를
품에 안아주었지
다정한 손길을 피하지 않으며
사랑의 말을 부끄러워하지 않으며
서로의 눈을 두려워하지 않으며
생명으로서 동등한 서로를
진정으로 인정하며 지탱하였지
그렇게 우리는 서로를
먼저 사랑하며 서로의 아픔을
닦아주었지
우리에게 원하는 것은 이로써
서로를 향한 사랑과
자유와 지지와 감사와 환대와
존중과 기쁨과 웃음과 결합과
화해와 생동과 아침과 저녁의
영원한 교류가 되었지

우리 안에서 타오르는 햇살은
부모를 앞질러 달려가는
아이들의 자유로운 속도처럼
조금의 얽매임도 없이
들판을 달리고
우리의 입은 미소로 감싸였지

내일의 존재

모든 것과 함께
호흡하기를 사랑하며
우리의 존재를 받아들인
그 **신기원**으로부터
우리는 새로운 존재가 되었지
빛과 욕망의 놀이 속에서
행성이 탄생하고
다시 아래로 떨어지기를
반복하며 그렇게 세상이 돌고
존재는 무한히 새로워지는
영험한 신비에 대해
우리는 그저 침묵하였지
아직 눈물이 사라지지 않고
웃음은 여전히 머물지 않지만
우리에게 시간은 공평하고
창조를 향한 여정에의 욕망으로
무한히 뜨거우리라는 것을

모든 것이 확증하는 기적을
우리는 인정할 수 있었지
그러나 그 이전에 인간이 있음을
깨달은 우리는 조용히
이제 이곳에서 지성이 꽃피리라
하였지

3부

환희

○ 향기는 열매와 함께 다가온다

우리라는 이름

그 이름 아래
우리는 우리로 태어났네

누구의 보증도 없이
우리는 그저 우리라네

서로의 마음을 바라보며
우리는 기쁘고

다가오는 빛의 사랑을
하나 되어 받아들인다네

그렇게 좁은 세상이 가고
사상은 우리를 넘어

우리 바깥으로, 우리 너머로
걸음을 옮긴다네

즐거움

나와 그대는
이렇게 존재하고
그대를 통해 나는
숨을 쉬고 있음을
그대와 같이
헤아릴 수 있네

이제 시간도
우리 사이에 없고
조금의 위선조차
허락하지 않는
영원한 정직만이
서로의 손을 잡아
우리에게 웃음을 주네

그대는 언제나
나와

그대의 세계와

나의 세계와

우리의 세계에서

숨 쉬며

사랑을 향해

인간으로서 그렇게

아름답게 태어나네

사유, 그 너머의 우주

우리는 한없이 작은
이 세상에 괴로웠네

우리의 욕망처럼
무한한 것은 또 없으니…….

그러나 길은
욕망에게 중력을 베풀고

우리는 우리의 두 발로
우주를 걷네

인간이라는 자유

길 위에서
우리는 길을 만든다

우리는 걷기를 원하고
도저히 멈추지 못한다

손짓은 더 강해지고
숨결은 더 타오른다

도대체 우리는
어디로 가는가?

그러나 누구도
대답하지 말라,

그것은 오직
그대의 걸음이 말하리라

달리는 아이들

어른들은 더는
아이들을 붙잡지 못하리,
이미 저 끝에서
여기를 보며 웃는
아이들은 벌써
어른들의 시간을 넘어서 있으니!
오, 어른들이여,
이제 아이들에 대해
무어라 말할 것인가?
원하는 것을
향해 오늘도 기꺼이
배를 짊어지고
바다로 들어가는 그
생명의 어깨를 바라보며
무어라 명명할 것인가!
부디,
아이들을 사랑하라,

아이들의 눈은
거짓을 말하지 않으니,
오, 어른들이여!
아이들의 인생을
인정하는 자유는
과연 누구의 것인가?

빛에 대한 사랑

우리는 마음으로
모든 것을 만들며
인간으로서
드러난다네

이제 우리를 비추는 것은
오직 빛
그 무한한 축제에
우리를 참여케 하네

우리는 행복한
오늘을 살고
더 나은 내일을
품에 안는다네

매미라는 존재

세상을 향해
나무를 오르는
저
가파른 여정을 보라,

과연 인간은
축복받은 존재인가?

머무르지 않는
매미는 오늘도
저
끝나지 않을 극한을 껴안는다

과연 인간은
자유로운 존재인가?

눈이 검은 매미는

귀도 없고

말하지 못하지만

자신의 길을 여전히 걷는다

시각 이전에 타오르는 것

사랑의 이름을
우리는 어디서 발견할 수 있는가?
먹물과 집게의 싸움터에서는
단지 긴급한 도주와
뒤로 밀려난 생명만이
어린아이의 호기심을 반긴다,
그러나 산호들과 햇살의 호흡이
자유를 껴안고
존중의 뿌리들이 서로를 이어
이빨과 발톱에 쉼을 베푸는
더더욱 강렬한 색깔들의 **바다**는
어린아이를 웃음 짓게 한다
인간이여, 우리는
사랑의 이름을 과연 발견할 수 있는가?
심연에 길들여진 보물선은
우리의 걸음을 놓아주지 않는데.

권리에 대한 물음

나의 고향은 어디인가?
그곳은 용광로,
철을 만드는 단련소
그곳은 조금의 물과
화염으로 이루어진
변화의 지옥이다
나의 몸은 그곳에 눕고
더 **나은** 내일의 이름으로
그곳에서 다시 태어난다
오, 나의 몸은
그곳에서 무한히 죽는다
그러나 환히 웃는다
그곳의 빛은
나를 빛나게 하기에……

너에 대한 노래

사랑이라는 아름다움을
내게 보게 해주는
그대는 진정
나의 생명이라네

그대의 말에는 기쁨이 있고
걸음에는 웃음이 있다네
그대의 행복에
나 또한 행복하다네

기다리겠네,
그대의 더 나은 내일을,
그리고 안아주겠네,
그대의 아픔을…….

오, 그대는 내게
진정 사랑을 베풀어 주며

나를 그 품에서
희어지게 한다네

그대는 진정
나의 생명이라네,
나의 생명이라네.

선언

시, 그것은 무덤이다
죽은 자를 기리기 위한 무덤!
그 속에 인간이 있다
태어나기를 기다리는 욕망과 함께·······.

시, 그것은 요람이다
태어난 자를 감싸안는 밝은 품!
그 속에 노인이 있다
드러내기를 기다리는 욕망과 함께·······.

시, 그것은 사랑이다
산 자와 죽은 자를 잇는 긴 실!
그 속에 바다가 있다
창조하기를 고대하는 욕망과 함께·······.

지평선 너머의 그 섬

이제야 바다를 향해 서 있다
얼마나 오래 걸었는가,
그 사막으로부터!
그러나 바다는 끝이 아니다.
그것은 오직 항해의 시작,
나의 또 다른 새로움,
아직 열리지 않은 길,
내게 욕망을 사용하라고 부추기는
아름다움, 무리(無理)의 세계다.

이제 그곳으로,
어떻게 갈까?
그 너머에 또다시 존재하는
조금의 유리(有理)와
또다시 마주쳐야 할 혼란과
계속될 사유의 놀이,
나는 그것을 어떻게 해야 할까?

그러나 나는 어린아이,

여러분과 함께

세상에 아름다움을 부여하는

기쁜 인간이다.

사유하는 기쁨

더는
동물이 아니네
나는
사람,
인간이라네

인간,
더는
혼자가 아니네
나는
함께라네

함께,
나는
여러분께 감사하며
진정
사랑으로 웃는다네

내가 하는 말

내가 원하는 것은
사랑, 인간으로서의 뜨거움
무엇이 막아설 수 있을까?
나의 이 욕망을…….

내가 원하는 것은
자유, 인간으로서의 찬란함
무엇과 함께할까?
나의 행복한 여러분이 아니면.

사실원리를 넘어서

그 이전에
누가 있었는가?
세계가 창조되기 이전에······.

별이 창조되기 이전에
누가 이름을 붙였는가?
그 누가······.

나의 그대여,
그대는 나의 **누구**
나를 살아 있게 하는
나의 누구

부록

다섯 개의 길

○ 마지막 장에 적는 말은 아쉬움을 남긴다

항쟁하는 인간

가야 할 곳으로
자신을 가게 하는
인간의 채찍은
감정을 모른다

오, 인간이여,
그대는 알고 있는가?
그대의 환희와
기쁨이 얼마나 아름다운지!

그러나 인간이여,
나는 그 아래에
여전히 숨 쉬는
무한한 자유를 기뻐한다,

그대의 삶으로
태어날 그대의 붉은

말과 웃음을

나는 언제나 기뻐한다

유리하는 인간

원하는 것은
어찌 그리
멀리에 있는가?

그것은 나를
여전히, 또
오늘도 나를 붙잡는다

나는 그것에
대해 그저
다가갈 뿐이지만,

그것은 나의
걸음을 이미
기뻐하고 있다,

나는 그것을

향해 오직
하루살이의 춤을 춘다

변화하는 인간

내일은 아직 없다,
해는 오늘을 산다

눈을 감고 있는
열매는 무엇을 느끼는가?

씨앗은 햇살과
추위와 고통과 함께 싹튼다

바라지 않는 오늘은
어제의 해와 함께 저물고

기대에 지친 내일은
오늘의 이불을 덮는다

그대가 살아 있거든
오늘의 말을 들어 보라

그대는 진정
오늘을 살고 있다

기록하는 인간

나의 마음을
나는 말한다,

나의 입술로,
글로,
또 인생으로

나의 사랑을
나는 품는다,

나의 생명과,
행위와,
또 정직으로.

사랑하는 인간

후회도 아픔도
그 시절의 기쁨을
이기지 못하리

나는 인간으로서
태어나 사랑하며
만족하고

그대와 함께
세상을 거닐며
진정 자유로웠다네

우리는 서로를 향해
웃으며 나아간
거리만큼

또 다른 서로에게

웃으며 나아가리라,

해는 아직 찬란하기에······.

〈끝〉

사
랑
에

대
하
여

초판 1쇄 발행 2024. 11. 8.

지은이 이준서
펴낸이 김병호
펴낸곳 주식회사 바른북스

편집진행 황금주
디자인 한채린

등록 2019년 4월 3일 제2019-000040호
주소 서울시 성동구 연무장5길 9-16, 301호 (성수2가, 블루스톤타워)
대표전화 070-7857-9719 | **경영지원** 02-3409-9719 | **팩스** 070-7610-9820

•바른북스는 여러분의 다양한 아이디어와 원고 투고를 설레는 마음으로 기다리고 있습니다.
이메일 barunbooks21@naver.com | **원고투고** barunbooks21@naver.com
홈페이지 www.barunbooks.com | **공식 블로그** blog.naver.com/barunbooks7
공식 포스트 post.naver.com/barunbooks7 | **페이스북** facebook.com/barunbooks7

ⓒ 이준서, 2024
ISBN 979-11-7263-827-6 03810

•파본이나 잘못된 책은 구입하신 곳에서 교환해드립니다.
•이 책은 저작권법에 따라 보호를 받는 저작물이므로 무단전재 및 복제를 금지하며,
 이 책 내용의 전부 및 일부를 이용하려면 반드시 저작권자와 도서출판 바른북스의 서면동의를 받아야 합니다.